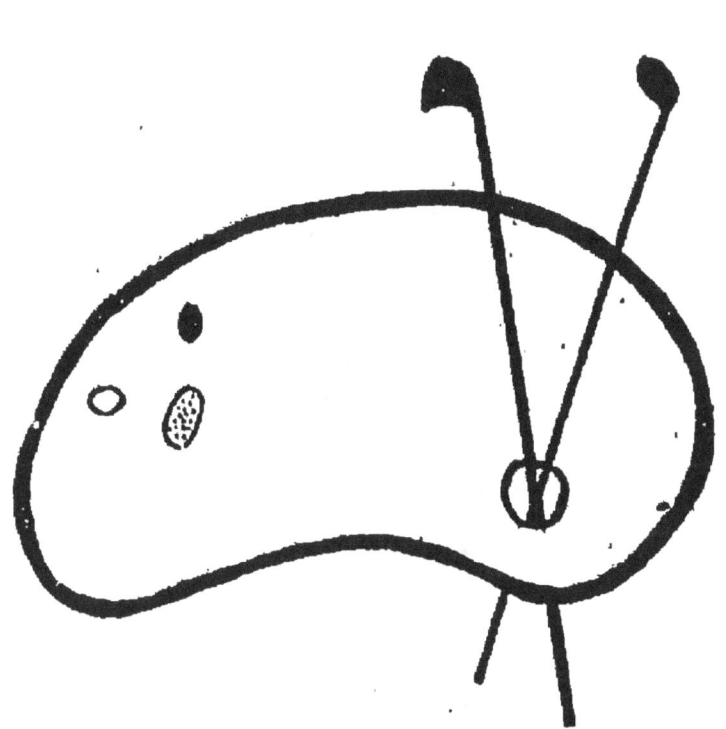

DEBUT D'UNE SERIE DE DOCUMENTS EN COULEUR

30 mars 1855

CATALOGUE

DE

TABLEAUX

DESSINS MODERNES

BUSTES EN MARBRE

ET

STATUETTES EN TERRE CUITE

Provenant du Cabinet de M. B***

Vente le Vendredi 30 Mars, à 2 heures et demie précises.

Mr Bart

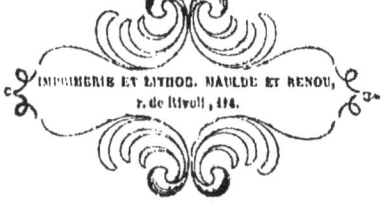
IMPRIMERIE ET LITHOG. MAULDE ET RENOU,
r. de Rivoli, 144.

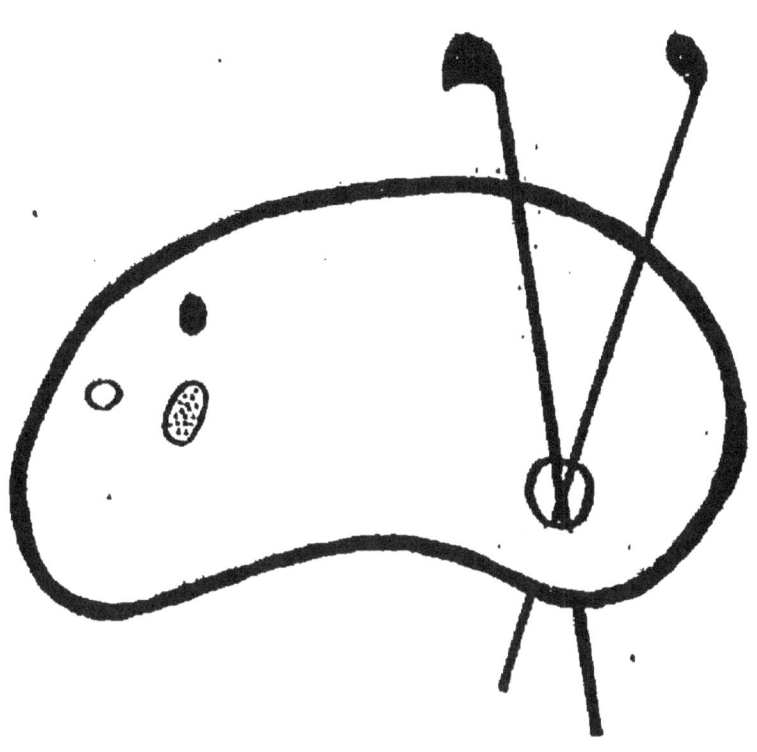

**FIN D'UNE SERIE DE DOCUMENTS
EN COULEUR**

CATALOGUE

DE

TABLEAUX

DESSINS MODERNES

BUSTES EN MARBRE

ET

STATUETTES EN TERRE CUITE

Provenant du Cabinet de M. B***

DONT LA VENTE AURA LIEU

Le Vendredi 30 Mars, à 2 heures et demie précises

HOTEL DES COMMISSAIRES-PRISEURS

RUE DROUOT

Grande Salle, n° 4, au 1er.

Par le ministère de M° POUCHET, Commissaire-Priseur,
S¹ de M. RIDEL, rue Saint-Honoré, 335,

Assisté de M. Francis PETIT, Appréciateur,
boulevart Poissonnière, 24.

EXPOSITION PUBLIQUE,

Le Jeudi 29 Mars 1855, de midi à 5 heures.

PARIS

MAULDE & RENOU

IMPRIMEURS DE LA COMPAGNIE DES COMMISSAIRES-PRISEURS,
rue de Rivoli, 144

MDCCCLV

CONDITIONS DE LA VENTE.

Elle sera faite au comptant.
Les acquéreurs paieront, en sus des adjudications, 5 centimes par franc, applicables aux frais.

TABLEAUX

ALIGNY.

1 — Campagne de Rome.
H. 64 c. L.   c.

BARON.

2 — La Vallée des Nymphes.
H. 16 c. L. 22.

BELLANGÉ.

3 — L'Embuscade.
H. 16 c. L. 21 c.

BÉRANGER (CHARLES).

4 — La Séparation.
H. 27 c. L. 22 c.

CABAT.

5 — L'Ange et le fils de Tobie. Effet du matin.
(Vente d'Orléans.)
H. 98 c. L. 1,35 c.

6 — Ferme en Normandie.
H. 30 c. L. 58 c.

CICÉRI (EUG.)

7 — Intérieur de cour en Bretagne.
H. 32 c. L. 23 c.

8 — Franchard.
H. 25 c. L. 36 c.

COUTURE.

9 — La Vie romaine au temps de la décadence.
H. 37 c. L. 45 c.

10 — Mendiant.
(Étude faite pour la chapelle de la Vierge à Saint-Eustache.)
H. ?? c. L. 23 c.

COMTE.

11 — L'Antiquaire. 470
H. 40 c. L. 33 c.

COROT.

12 — Paysage. Effet du matin. 285
H. 33 c. L. 46 c.

DECAMPS.

13 — Vue de Smyrne. 1005
H. 85 c. L. 55 c.

14 — Singe savetier. 540
H. 30 c. L. 23 c.

15 — Paysage d'Italie. 760
H. 16 c. L. 13 c.

16 — Chasse au marais. 340
H. 11 c. L. 19 c.

17 — Paysage. Genre de Huismans. 320

DE DREUX (ALFRED).

18 — Chevaux en liberté. 480
H. 41 c. L. 53 c.

DELACROIX (EUG.).

19 — Fantasia arabe.
H. 64 c. L. 80 c.

20 — Tristam O'Shanty.
H. 37 c. L. 46 c.

DIAZ.

21 — Femme jouant avec un oiseau.
H. 68 c. L. 54 c.

22 — Les Enfants au coffret.
H. 47 c. L. 57 c.

---

23 — Jeune Arabe.
H. 54 c. L. 40 c.

24 — Kiosque.
H. 24 c. L. 19 c.

25 — Soleil couchant.
H. 24 c. L. 41 c.

DUPRÉ (JULES).

26 — Paysage.
H. 30 c. L. 35 c.

FAUVELET.

27 — Jeune page faisant des bulles de savon.
H. 24 c. L. 18 c.

28 — La Réflection.
H. 20 c. L. 15 c.

FRÈRE (ED.).

29 — Le Retour de la moisson.
H. 46 c. L. 37 c.

GÉRICAULT.

30 — Le Départ. Épisode des courses de chevaux libres à Rome.
H. 43 c. L. 58 c.

GIRARDET (KARL).

31 — La Récolte des dattes.
H. 31 c. L. 24 c.

GIRAUD (ERNEST.)

32 — Napolitaine.
                        H. 49 c. L. 31 c.

66"

HOGUET.

33 — Intérieur de forêt.
                        H. 57 c. L. 42 c.

340

HUET (PAUL).

34 — Paysage italien.
                        H. 81 c. L. 120 c.

400

35 — Vue du château d'Eu. (Vente d'Orléans.)
                        H. 47 c. L. 80 c.

500

ISABEY.

36 — Le Retour de la pêche. Plage avec figures.
                        H. 44 c. L. 65 c.

790

37 — Saint-Valery-sur-Somme.
                        H. 47 c. L. 73 c.

800

D

38 — Dames de la cour de Henry IV.   300
H. 25 c. L. 16 c.

49 — Pleine mer.   34
H. 22 c. L. 32 c.

40 — Plage. Soleil couchant.   26
H. 29 c. L. 32 c.

LAMBINET.

41 — L'Étang des Vaux de Cernay.   34
H. 42 c. L. 70 c.

LANSAC.

42 — Trompette de lanciers de la garde impériale.   26
H. 45 c. L. 27 c.

LEPOITTEVIN.

43 — Famille de pêcheurs.   690
H. 45 c. L. 85 c.

44 — Flibustiers.   280
H. 27 c. L. 25 c.

LEGENTIL.

45 — Paysage, le Lavoir.   *110*

H. 22 c. L. 37 c.

LEHMANN (HENRY).

46 — Femme juive.   *360*

H. 78 c. L. 60 c.

MEISSONIER.

47 — Charlemagne. Grande figure.   *900*

H. 90 c. L. 58 c.

ROQUEPLAN.

48 — Parc avec figures.   *301*

R. 23 c. L. 20 c.

ROUSSEAU (THÉODORE).

49 — Le Soir.   *700*

H. 21 c. L. 30 c.

50 — Paysage.   *260*

H. 18 c. L. 19 c.

ROUSSEAU (PH.).

51 — Nature morte.   660
H. 40 c. L. 55 c.

52 — Poulailler.   305
H. 18 c. L. 27 c.

SCHEFFER ARY.

53 — Petits glaneurs.   1205
H. 45 c. L. 57 c.

TROYON.

54 — Animaux traversant une mare.   4550
H. 77 c. L. 101 c.

55 — Lisière de forêt avec animaux.   1080
H. 64 c. L. 84 c.

56 — La Sortie de la ferme.   550
H. 40 c. L. 82 c.

57 — Village de Normandie.   320
H. 34 c. L. 45 c.

58 — Paysage.   200
H. 41 c. L. 29 c.

WATTIER.

59 — Les Rivales.

H. 27 c. L. 38 c.

DESSINS

DECAMPS.

60 — Au Serail.   Aquarelle très importante.   900
61 — Arabe.   Dessin rehaussé.   110
62 — Paysage italien.   Dessin.   110
63 — Forêt de Fontainebleau. Effet de soir. Dessin.   121

DELAROCHE (PAUL).

64 — Jeanne Gray.   Dessin au crayon de couleur.   1000

FLERS.

65 — Paysage.   Dessin.   71

BUSTES EN MARBRE BLANC.

66 — Fénelon, par David d'Angers (1827).

67 — Cicéron, par Bosio.

68 — Demosthènes, par Bosio.

69 — Bourdaloue, par Bosio, d'après Quoixvox.

STATUETTES EN TERRE CUITE.

70 — Naïade.
(Modèle original n'ayant jamais été reproduit.)

71 — Bacchante.

72 — Faune.

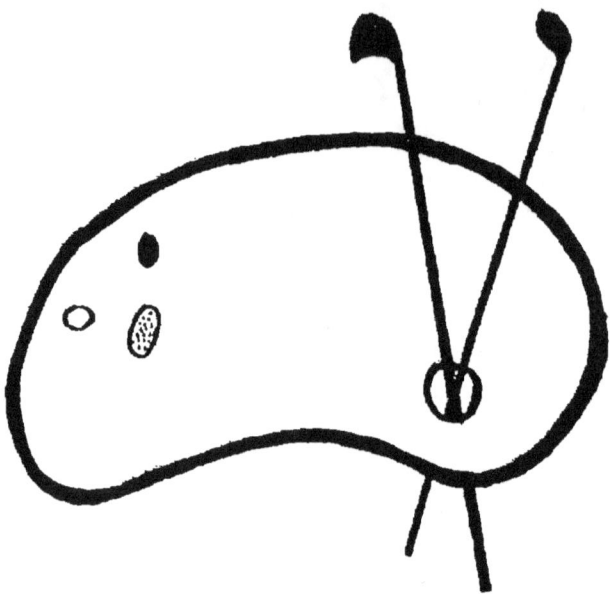

ORIGINAL EN COULEUR
NF Z 43-170-8

www.ingramcontent.com/pod-product-compliance
Lightning Source LLC
Chambersburg PA
CBHW030111230526
45471CB00003B/1368